Arbeitsrecht Direkt!

Rechte und Pflichten im Arbeitsverhältnis

Alexander Remde

Druck und Distribution im Auftrag des Herausgebers:
tredition GmbH, Heinz-Beusen-Stieg 5, 22926 Ahrensburg
Autor und Herausgeber: Alexander Remde
c/o Block Services, Stuttgarter Str. 106, 70736 Fellbach
a.remde@yahoo.de
www.remde.eu
Kontaktadresse nach EU-Produktsicherheitsverordnung:
mail@remde.eu

Inhalt

Einleitung

Das Arbeitsrecht in Deutschland regelt die rechtlichen Beziehungen zwischen Arbeitgebern und Arbeitnehmern. Es schafft die Grundlage für eine gerechte Gestaltung des Arbeitsverhältnisses und sichert sowohl die Rechte der Arbeitnehmer als auch die Interessen der Arbeitgeber. Das Arbeitsrecht ist Teil der Zivilrechtsordnung und umfasst alle Gesetze, Verordnungen und sonstige verbindliche Bestimmungen zur unselbstständigen, abhängigen Erwerbstätigkeit. In diesem Buch wird dieses komplexe und doch für jeden abhängig Beschäftigten so wichtige Rechtsgebiet verständlich mit seinen Grundlagen erklärt. Ziel dieses Buches ist es einfach und klar Arbeitnehmern und Arbeitgebern einen Überblick darüber zu verschaffen, welche Rechte und Pflichten sie in einem Arbeitsverhältnis zu beachten haben. Die Rechte des einen sind die Pflichten des anderen. Begründet wird das Arbeitsverhältnis durch eine übereinstimmende Willenserklärung beider Parteien, den Arbeitsvertrag.

Aus Gründen der besseren Lesbarkeit wird bei Personenbezeichnungen und personenbezogenen Hauptwörtern in diesem Buch die männliche Form verwendet. Entsprechende Begriffe gelten im Sinne der Gleichbehandlung grundsätzlich für alle Geschlechter. Die verkürzte Sprachform hat nur redaktionelle Gründe und beinhaltet keine Wertung.

A. Der Arbeitsvertrag

1. Grundlagen

Im Arbeitsvertrag legen Arbeitnehmer und Arbeitgeber verbindlich fest, unter welchen Bedingungen das Arbeitsverhältnis stattfindet. Es ergeben sich aus dem Vertrag Rechte und Pflichten. Die Rechte des einen sind die Pflichten des anderen. Mit Ausnahme von Ausbildungsverträgen und befristeten Arbeitsverträgen ist die Schriftform per Gesetz nicht zwingend vorgeschrieben. Beide Seiten können also auch mündlich, quasi per Handschlag, einen Arbeitsvertrag schließen. Jedoch war der Arbeitgeber durch das Nachweisgesetz dazu verpflichtet, die wesentlichen Vertragsbedingungen in einem Schriftstück festzuhalten und dieses dem Arbeitnehmer unterschrieben auszuhändigen. Seit 2025 ist es unter bestimmten Voraussetzungen möglich, Arbeitsverträge digital zu schließen, beispielsweise per E-Mail. Möglich wird das durch das Vierte Bürokratieentlastungsgesetz (BEG IV). Bisher verpflichtete das Nachweisgesetz Arbeitgeber dazu, ein schriftlich unterzeichnetes Dokument mit den wesentlichen Vertragsbedingungen auszuhändigen. Das neue Gesetz ermöglicht es ab 2025, den Nachweis der Vertragsbedingungen in Textform gemäß § 126b BGB zu erbringen. Diese Form verlangt keine handschriftliche Unterschrift, sondern lediglich eine klare Benennung des

Erklärenden. Elektronische Formate wie PDFs oder E-Mails genügen, sofern diese für die Mitarbeitenden zugänglich gemacht werden (z. B. per E-Mail), speicherbar und ausdruckbar sind und mit einer Aufforderung zur Empfangsbestätigung versehen sind. Auch für Klauseln wie das automatische Ende des Arbeitsverhältnisses bei Renteneintritt reicht künftig die Textform. Die Formerleichterungen im neuen Nachweis-gesetz gelten auch für die Änderung von Arbeitsbedingungen in bestehenden Beschäftigungsverhältnissen. Änderungsvereinbarungen und Ergänzungsvereinbarungen zu Arbeitsverträgen sind deshalb ab 2025 ebenso in digitaler Form möglich. Einschränkungen und Ausnahmen gelten für befristete Arbeitsverträge gemäß § 14 Abs. 4 TzBfG, nachvertragliche Wettbewerbsverbote (§ 74 Abs. 1 HGB), Verträge in Branchen, die dem Schwarzarbeits-bekämpfungsgesetz unterliegen (z. B. Bau- und Gastgewerbe) sowie Kündigungen und Aufhebungsverträge. Diese unterliegen weiterhin der Schriftformpflicht nach § 623 BGB.

Eine Niederschrift muss mindestens die folgenden Punkte enthalten.

Name und Anschrift der Vertragsparteien,

 Beginn des Arbeitsverhältnisses,

- bei befristeten Arbeitsverhältnissen: das Enddatum oder die vorhersehbare Dauer des Arbeitsverhältnisses,

- den Arbeitsort,

- die Beschreibung der Tätigkeit,

- eine eventuelle Probezeit,

- Zusammensetzung und die Höhe des Arbeitsentgelts einschließlich der Vergütung von Überstunden, der Zuschläge, der Zulagen, Prämien und Sonderzahlungen sowie anderer Bestandteile des Arbeitsentgelts, die jeweils getrennt anzugeben sind, und deren Fälligkeit sowie die Art der Auszahlung,

- Arbeitszeit, Ruhepausen und Schichtsysteme,

- Regelungen zu Überstunden,

- Dauer des jährlichen Erholungsurlaubs,

- das bei der Kündigung des Arbeitsverhältnisses von Arbeitgeber und Arbeitnehmer einzuhaltende Verfahren, mindestens das Schriftformerfordernis und die Fristen für die Kündigung des Arbeitsverhältnisses, sowie die Frist zur Erhebung einer Kündigungsschutzklage.

Weiterhin kann die Schriftform durch einen Tarifvertrag zwischen einer Gewerkschaft und dem Arbeitgeberverband, dem der Arbeitgeber angehört oder durch eine Betriebsvereinbarung zwischen dem Arbeitgeber und dem zuständigen Betriebsrat vorgeschrieben werden. Die Inhalte eines Arbeitsvertrages sind abgesehen von den persönlichen Daten wie Name und Anschrift des Arbeitnehmers und des Arbeitgebers bis verhandelbar. Nach Inkrafttreten des

Arbeitsvertrages ist eine Änderung einzelner Punkte nur mit beiderseitigem Einverständnis oder durch Änderung von Gesetzen oder Verordnungen möglich.

§ 611 a BGB, § 2 NachwG, BEG IV

2. Unbefristeter Arbeitsvertrag

Der unbefristete Arbeitsvertrag wird auf unbestimmte Zeit geschlossen und besteht ohne Kündigung bis zum Eintritt des gesetzlichen Rentenalters. Es gelten mindestens die gesetzlichen Kündigungsfristen. Die Kündigungsfristen eines unbefristeten Arbeitsvertrags unterscheiden sich je nach Dauer der Betriebszugehörigkeit des Arbeitnehmers:

1–4 Jahre: 1 Monat Kündigungsfrist zum Ende eines Kalendermonats,

5–7 Jahre: 2 Monate Kündigungsfrist zum Ende eines Kalendermonats,

8–9 Jahre: 3 Monate Kündigungsfrist zum Ende eines Kalendermonats,

10–11 Jahre: 4 Monate Kündigungsfrist zum Ende eines Kalendermonats,

12–14 Jahre: 5 Monate Kündigungsfrist zum Ende eines Kalendermonats,

15–19 Jahre: 6 Monate Kündigungsfrist zum Ende eines Kalendermonats,

Mehr als 20 Jahre: 7 Monate Kündigungsfrist zum Ende eines Kalendermonats.

Diese Fristen gelten für eine Kündigung durch den Arbeitgeber. Arbeitnehmer, die Ihren unbefristeten Arbeitsvertrag kündigen möchten, müssen dies mit einer Kündigungsfrist von vier Wochen zum 15. eines Monats oder zum Ende des jeweiligen Kalendermonats tun. Allerdings kann im Arbeitsvertrag vereinbart werden, dass die Kündigungsfristen des Arbeitgebers auch für den Arbeitnehmer gelten. Im Gegensatz zum Arbeitnehmer muss der Arbeitgeber die Kündigung eines unbefristeten Arbeitsvertrages begründen. Außerordentliche Kündigungen sind bei besonders schweren Verfehlungen einer Vertragspartei ohne Einhaltung einer Frist möglich.

Im unbefristeten Arbeitsvertrag kann eine Probezeit vereinbart werden, die längstens sechs Monate betragen darf. Innerhalb der Probezeit beträgt die Kündigungsfrist für beide Seiten zwei Wochen ab dem Tag, an dem die Kündigung ausgesprochen wurde.

§ 622 BGB

3. Befristeter Arbeitsvertrag

Befristete Arbeitsverträge müssen schriftlich abgeschlossen werden. Ohne Einhaltung der Schriftform ist die Befristung nicht rechtsgültig, der Arbeitsvertrag an sich bleibt aber rechtsgültig. Schriftlich bedeutet, dass der Vertragsinhalt auf Papier festgehalten wird und von beiden Vertragsparteien unterschrieben ist.

Weitere Voraussetzungen für die Wirksamkeit eines befristeten Arbeitsvertrages sind, dass ein Sachgrund für die Befristung vorliegt oder dass bei einer Neueinstellung die Befristung nicht länger als zwei Jahre dauert.

Bei Neueinstellung dürfen Befristungen innerhalb von zwei Jahren dreimal vorgenommen werden bis die Gesamtbefristung von zwei Jahren ausgeschöpft ist. Beispiel: erste Befristung sechs Monate, zweite Befristung zwölf Monate, dritte Befristung sechs Monate. Ist der Arbeitnehmer mindestens 52 Jahre alt, kann die sachgrundlose Befristung unter bestimmten Umständen fünf Jahre betragen und die Anzahl der Vertragsverlängerungen entfällt.

Sachgründe für eine Zeit- oder Zweckbefristung liegen unter anderem vor
- bei vorübergehenden betrieblichen Bedarf an der Arbeitsleistung,
- im Anschluss an eine Ausbildung,
- bei Vertretung eines anderen Arbeitnehmers,

- die Art der Arbeitsleistung eine Befristung rechtfertigt,

- bei Erprobung,

- Gründe in der Person des Arbeitnehmers die Befristung rechtfertigten,

- ein gerichtlicher Vergleich die Befristung vorsieht.

Bei sachlichen Gründen können Befristungen ohne zeitliche Höchstgrenze mehrfach hintereinander vereinbart werden.

Der zeitlich befristete Arbeitsvertrag endet ohne Kündigung nach Ablauf der vereinbarten Zeit, für die er eingegangen wurde. Endet der Arbeitsvertrag zu einem bestimmten Datum, so handelt es sich um einen kalendermäßig befristeten Arbeitsvertrag. Er bedarf keiner Kündigung.

Wurde ein zweckbefristeter Arbeitsvertrag geschlossen, so endet dieser mit dem Erreichen eines bestimmten Zweckes. Auch hier bedarf es keiner Kündigung. Der Arbeitsvertrag endet jedoch frühestens zwei Wochen nach der Unterrichtung des Arbeitnehmers durch den Arbeitgeber über den Zeitpunkt der Zweckerreichung.

Eine vorzeitige ordentliche Kündigung des befristeten Arbeitsvertrages ist nicht möglich, es sei denn, die Möglichkeit der Kündigung ist im Arbeitsvertrag vereinbart oder es gibt diesbezüglich eine Tarifvereinbarung. Die außerordentliche und fristlose Kündigung ist bei Vorliegen eines wichtigen Grundes jedoch auch bei befristeten Arbeitsverträgen möglich.

Wird das befristete Arbeitsverhältnis trotz Zeitablauf ohne Absprache fortgesetzt, der Arbeitnehmer also weiterhin die Tätigkeit ausübt und der Arbeitgeber Lohn zahlt, so verlängert sich das Arbeitsverhältnis auf unbestimmte Zeit.

§ 14, 15 TzBfG, § 126, 626 BGB

4. Teilzeitarbeitsvertrag

Wird in einem Arbeitsvertrag eine geringere regelmäßige Wochenarbeitszeit als die vergleichbarer Vollzeitbeschäftigter vereinbart, so handelt es sich um einen Teilzeitarbeitsvertrag. Beträgt z.B. die Wochenarbeitszeit von Vollzeitkräften in einem Betrieb 40 Wochenstunden, so sind Arbeitnehmer mit einer Wochenarbeitszeit von 39 Stunden bereits teilzeitbeschäftigt. Vergleichbare Arbeitnehmer sind Beschäftigte in einem Betrieb mit gleichen oder ähnlichen Tätigkeiten. Gibt es im Betrieb keinen vergleichbaren vollzeitbeschäftigten Arbeitnehmer, so ist der vergleichbare vollzeitbeschäftigte Arbeitnehmer auf Grund des anwendbaren Tarifvertrages zu bestimmen; in allen anderen Fällen ist darauf abzustellen, wer im jeweiligen Wirtschaftszweig üblicherweise als vergleichbarer vollzeitbeschäftigter Arbeitnehmer anzusehen ist.

Grundsätzlich gelten in einem Teilzeitarbeitsvertrag die gleichen Regeln wie bei einem Arbeitsvertrag für Vollzeitbeschäftigte.

§ 2 TzBfG

5. Werkvertrag

Ein Werkvertrag ist eine spezielle Form des Arbeitsvertrags, bei dem der Arbeitnehmer ein konkretes Ergebnis liefern muss. Anders als beim regulären Arbeitsvertrag geht es hier nicht um die Arbeitszeit oder die Art der Tätigkeit, sondern um das Ergebnis der Arbeit. Der Arbeitnehmer wird für die Erstellung eines bestimmten Werks, z.B. einer Webseite oder einer Maschine, bezahlt. Der Arbeitgeber legt hierbei den Umfang und die Art des Werks genau fest. Im Gegensatz zum Dienstvertrag endet der Werkvertrag mit der Erstellung des Werks. Es gibt keine weiteren Arbeitspflichten für den Arbeitnehmer. Der Werkvertrag bietet Arbeitgebern mehr Flexibilität und kann für bestimmte Projekte von Vorteil sein.

§ 631 BGB

6. Leiharbeitsvertrag

Ein Leiharbeitsvertrag ist ein Vertrag zwischen einem Leiharbeitgeber (Entleiher) und einem Arbeitnehmer, bei dem der Arbeitnehmer für einen begrenzten Zeitraum an einen Dritten ausgeliehen wird, um dort zu arbeiten. Der Dritte zahlt für die Arbeitsleistung eine Gebühr an den Leiharbeitgeber, der wiederum den Arbeitnehmer bezahlt. Der Leiharbeiter ist somit formal beim Leiharbeitgeber angestellt, arbeitet aber für den Dritten. Der Verleiher ist verpflichtet, dem Leiharbeitnehmer für die Zeit der Überlassung an den Entleiher die im Betrieb des Entleihers für einen vergleichbaren Arbeitnehmer des Entleihers geltenden wesentlichen Arbeitsbedingungen einschließlich des Arbeitsentgelts zu gewähren (Gleichstellungsgrundsatz).

AÜG § 8

B. Die Rechte der Arbeitnehmer

<u>1. Lohn</u>

Der Arbeitgeber ist verpflichtet, die vereinbarte Vergütung pünktlich zum Fälligkeitstermin an den Arbeitnehmer zu zahlen. Die Höhe der Vergütung richtet sich nach der Vereinbarung im Arbeitsvertrag oder aus Regelungen in einem Tarifvertrag bzw. einer Betriebsvereinbarung. Besteht keine dieser Anspruchsgrundlagen, ergibt sich dennoch ein gesetzlicher Anspruch auf Vergütung. Danach gilt eine Vergütung als stillschweigend vereinbart, wenn für die geleistete Arbeit eine Vergütung zu erwarten ist. Diese Erwartung gilt grundsätzlich bei einem Arbeitsverhältnis. Die Lohnhöhe darf nicht unter dem gesetzlichen Mindestlohn liegen. Ausgenommen vom Anspruch auf den gesetzlichen Mindestlohn sind

Auszubildende nach dem Berufsbildungsgesetz,

Jugendliche unter 18 Jahren ohne abgeschlossene Ausbildung,

ehrenamtlich tätige Personen,

Langzeitarbeitslose in den ersten sechs Monaten ihrer Beschäftigung,

Praktikanten, die ein Praktikum im Sinne des § 22 Mindestlohngesetz absolvieren,

Personen, die einen freiwilligen Dienst ableisten,

Teilnehmer an einer Maßnahme der Arbeitsförderung,

Heimarbeiter nach dem Heimarbeitsgesetz,

Selbstständige und Strafgefangene.

Eine Lohnvereinbarung gilt als sittenwidrig, wenn der Arbeitnehmer weniger als 2/3 des in der betreffenden Branche und Wirtschaftsregion üblicherweise gezahlten Lohns bekommen soll. Ansprüche auf ein höheres Entgelt muss der Arbeitnehmer dann individuell geltend machen.

Kommt der Arbeitgeber mit der Zahlung des Entgelts in Verzug, kann der Arbeitnehmer je nach Fall den Arbeitgeber schriftlich abmahnen und unter Fristsetzung zur Zahlung auffordern; die Arbeitsleistung verweigern; eine Klage auf Zahlung erheben; das Arbeitsverhältnis fristlos kündigen.. Zudem kann der Arbeitnehmer Zinsen und Schadensersatz verlangen.

Oft müssen bei der Geltendmachung der Ansprüche Ausschlussfristen beachtet werden. Diese können sowohl im individuellen Arbeitsvertrag als auch in einem Tarifvertrag enthalten sein. Nach Ablauf einer solchen Frist können die Ansprüche nicht mehr eingefordert werden.

BGB § 611, 612, MiLoG § 22

2. Abführung von Steuern und Sozialabgaben

Die Lohnsteuer ist eine besondere Erhebungsform der Einkommensteuer und keine eigenständige Steuer. Der Arbeitgeber hat die Lohnsteuer bei jeder Lohnzahlung einzubehalten, dem Betriebsstättenfinanzamt zu melden und an dieses abzuführen. Es gibt keine rechtliche Möglichkeit für den Arbeitnehmer, eine ungekürzte Zahlung zu verlangen. Die Pflicht zur Abführung der Steuern hat der Arbeitgeber unentgeltlich zu erfüllen. Verletzt ein Arbeitgeber die Pflicht, Lohnsteuer zu berechnen und abzuführen, hat der Arbeitnehmer einen Schadenersatzanspruch gegenüber dem Arbeitgeber.

Der Arbeitgeber ist verpflichtet, die Sozialbeiträge zu berechnen und abzuführen. Er gilt als Beitragsschuldner. Die Sozialversicherung umfasst die gesetzliche Arbeitslosenversicherung, die gesetzliche Rentenversicherung, die gesetzliche Krankenversicherung und sie gesetzliche Pflegeversicherung. Der Sozialversicherungsbeitrag ist spätestens am fünftletzten Bankarbeitstag für jeden Beschäftigten zu berechnen. Der gesamte Sozialversicherungsbeitrag eines

Arbeitnehmers ist vom Arbeitgeber an die Krankenkasse zu zahlen, bei der der Arbeitnehmer versichert ist. Die Beiträge zur Sozialversicherung werden je zur Hälfte vom Arbeitnehmer und vom Arbeitgeber getragen.

EstG § 41a, SGB IV § 28 ff

3. Anspruch auf schriftliche Lohnabrechnung

Der Arbeitgeber ist verpflichtet eine Lohnabrechnung in Textform zu erstellen. Die Abrechnung muss mindestens den Abrechnungszeitraum und die Zusammensetzung des Lohns enthalten. Zur Zusammensetzung gehören Art und Höhe der Abzüge, der Vergütung inklusive der Zuschläge und Zulagen. Haben sich die Angaben gegenüber der letzten ordentlichen Abrechnung nicht geändert, so besteht keine Verpflichtung zur Abrechnung. Erfolgt eine Entlohnung für einen bestimmten Zeitraum sind Brutto- und Nettolohn anzugeben. Ist die Vergütung von der Erbringung einer bestimmten Leistung abhängig muss eine prüffähige Abrechnung erstellt werden.

Die Abrechnung kann wahlweise zum 15. Tag oder zum letzten Monatstag erstellt und dem Arbeitgeber zugeleitet werden.

GewO § 108

4. Entgeltfortzahlung im Krankheitsfall

Bei Krankheit hat der Arbeitnehmer einen Anspruch auf Entgeltfortzahlung für die Dauer von bis zu sechs Wochen, wenn das Arbeitsverhältnis seit mindestens vier Wochen ununterbrochen besteht. Ein Anspruch auf weitere sechs Wochen besteht, wenn der Beschäftigte nicht innerhalb von sechs Monaten vor der Arbeitsunfähigkeit wegen derselben Krankheit arbeitsunfähig gewesen ist bzw. müssen seit Beginn der ersten Arbeitsunfähigkeit wegen derselben Krankheit zwölf Monate abgelaufen sein. Der Anspruch kann weder im Arbeitsvertrag noch durch sonstige Vereinbarungen ausgeschlossen oder beschränkt werden. Längere Zeiten können in Tarifverträgen oder Betriebsvereinbarungen vereinbart werden. Der Anspruch umfasst Feiertage, es sei denn, der Arbeitnehmer fehlt vor einem Feiertag oder am ersten Tag nach dem Feiertag unentschuldigt. Trifft den Arbeitnehmer ein Verschulden an der Arbeitsverhinderung besteht kein Anspruch auf Entgeltfortzahlung. Ein Verschulden liegt dann vor, wenn das Verhalten des Beschäftigten einen groben Verstoß gegen die eigenen Interessen eines verständigen Menschen darstellt. Beispiel: Trunkenheit am Steuer oder Verletzung der Gurtpflicht.
Die Höhe der Entgeltfortzahlung richtet sich nach der regelmäßigen Arbeitszeit des Beschäftigten. Werden mit einer gewissen Regelmäßigkeit Überstunden geleistet, wird für die Höhe der

Entgeltfortzahlung der Durchschnittsverdienst der letzten zwölf Monate vor der Erkrankung ermittelt.

Die Arbeitsunfähigkeit ist dem Arbeitgeber unter Angabe der voraussichtlichen Dauer der Arbeitsunfähigkeit unverzüglich mitzuteilen. Eine besondere Form der Mitteilung ist per Gesetz nicht vorgeschrieben. Seit dem 1. Januar 2023 sind durch die Einführung der elektronischen Arbeitsunfähigkeitsbescheinigung (eAU) gesetzlich krankenversicherte Arbeitnehmer nicht mehr dazu verpflichtet, ihre Arbeitsunfähigkeitsbescheinigung an den Arbeitgeber weiterzuleiten. Der Arbeitgeber ruft die eAU direkt bei der zuständigen Krankenkasse ab. Dabei werden folgende Daten übermittelt:

Name des Beschäftigten,

Beginn und Ende der Arbeitsunfähigkeit,

Datum der ärztlichen Feststellung der Arbeitsunfähigkeit,

Kennzeichnung als Erst- oder Folgebescheinigung,

Angaben zu einem möglichen Unfall.

Spätestens am vierten Tag der Arbeitsunfähigkeit müssen sich Beschäftigte eine digitale ärztliche Bescheinigung ausstellen lassen. Arbeitgeber haben jedoch das Recht, die Bescheinigung schon ab dem ersten Tag zu verlangen.

EntgFG

5. Erholungsurlaub

Jeder Arbeitnehmer hat einen Anspruch auf bezahlten Erholungsurlaub. Die gesetzliche Mindestdauer des Erholungsurlaubs beträgt bei einer Sechs-Tage-Woche für jedes Kalenderjahr 24 Werktage. Als Werktage gelten alle Kalendertage die kein Sonn- oder Feiertag sind. Ist eine kürzere Arbeitswoche vereinbart, gilt der Anspruch anteilig; z.B. beträgt der Urlaubsanspruch bei einer 5-Tage-Woche 20 Werktage jährlich. Von dieser Regelung darf weder im Arbeitsvertrag, noch in einem Tarifvertrag oder einer Betriebsvereinbarung zu Ungunsten des Beschäftigten abgewichen werden, jedoch ist eine für den Arbeitnehmer günstigere Regelung jederzeit möglich. Ist ein längerer Urlaubsanspruch festgelegt kann zwischen dem gesetzlichen Mindesturlaub und dem zusätzlichen vertraglichen Urlaub unterschieden werden. Für den Zusatzurlaub können vom Gesetz abweichende Regelungen getroffen werden, z.B beim Urlaubsverfall am Ende des Jahres.

Der volle Urlaubsanspruch entsteht erstmals nach einem sechsmonatigen Bestehen des Arbeitsverhältnisses. Innerhalb dieser Wartezeit besteht ein Anspruch auf Teilurlaub. Dieser Teilurlaub beträgt ein Zwölftel des Jahresurlaubs für jeden vollen Monat des Arbeitsverhältnisses. Beispielsweise beträgt der Teilurlaub nach zwei Monaten Beschäftigung vier Tage bei einem Jahresurlaub von 24

Tagen (24 :12 x 2 = 4). Der Arbeitnehmer hat für die Dauer des Urlaubs Anspruch auf Urlaubsentgelt. Hierbei wird der Durchschnittsverdienst zugrunde gelegt, den der Beschäftigte in den letzten 13 Wochen vor Urlaubsbeginn erhalten hat. Regelmäßige und dauerhafte Überstunden werden dabei mitgerechnet. Ein Anspruch auf zusätzliches Urlaubsgeld besteht nur dann, wenn dies vertraglich bzw. in einer Betriebsvereinbarung oder einem Tarifvertrag festgelegt ist. Den Zeitpunkt des Urlaubs legt der Arbeitnehmer nach seinen Wünschen fest, sofern keine Betriebs- oder Werkferien oder vertragliche Vereinbarungen dem entgegenstehen. Der Arbeitgeber kann den Urlaubszeitpunkt nur dann ablehnen, wenn dies aus dringenden betrieblichen Gründen notwendig ist oder Urlaubswünsche anderer Arbeitnehmer unter sozialen Gesichtspunkten Vorrang verdienen. Hält der Arbeitnehmer die Entscheidung des Arbeitgebers für nicht gerechtfertigt, so kann er das Mitbestimmungsrecht des Betriebsrates einfordern oder Klage beim Arbeitsgericht auf Gewährung des Urlaubs einreichen. Das eigenmächtige Antreten des Urlaubs ohne Genehmigung durch den Arbeitgebers stellt eine schwerwiegende Pflichtverletzung dar und kann unter Umständen zur fristlosen Kündigung des Arbeitsverhältnisses führen. Hat der Arbeitgeber dem Zeitraum des Urlaubs zugestimmt ist eine Änderung nur in begründeten und beweisbaren Notfällen, die nur mit Hilfe des Betroffenen beseitigt werden können, möglich. Zusätzliches Arbeitsaufkommen oder die

Erkrankung anderer Arbeitnehmer stellen keinen Notfall dar. Ein Rückruf aus einem bereits angetretenen Urlaub ist in jedem Fall rechtlich unzulässig. Eine entsprechende Vereinbarung ist unwirksam. Die absichtliche verspätete Rückkehr aus dem Urlaub stellt einen Grund für eine fristlose Kündigung dar. Trifft den Beschäftigten keine Schuld an der Verspätung (z.B. bei einem Streik des Flugpersonals), so hat der Beschäftigte unverzüglich den Arbeitgeber über die Verspätung zu informieren. Für den Zeitraum der Verspätung verliert der Arbeitnehmer seinen Entgeltanspruch. Der Urlaub muss prinzipiell in dem Kalenderjahr genommen werden, in dem der Urlaubsanspruch entstanden ist. Kann der Urlaub aus dringenden betrieblichen oder persönlichen Gründen (Urlaubssperre, sehr hohes Arbeitsaufkommen, Krankheit) nicht bis zum 31.12. genommen werden, muss der Urlaub bis zum 31.03. des Folgejahres genommen werden. Danach verfällt der Urlaubsanspruch. Jedoch ist der Arbeitgeber verpflichtet, den Beschäftigten vorher aufzufordern, den Urlaub zu nehmen und darauf hinzuweisen, dass der Urlaub ansonsten verfällt. Ist der Beschäftigte allerdings durch Erkrankung arbeitsunfähig und daran gehindert, den Urlaub bis zum Ende des Übergangszeitraums am 31.03. zu nehmen, verfällt der Anspruch auf den gesetzlichen Mindesturlaub nicht. Nach der Gesundung muss der Resturlaub zeitnah im laufenden Kalenderjahr genommen werden. Dies gilt auch für Langzeitkranke nach ihrer Genesung. Konnte der Beschäftigte wegen einer sechsmonatigen Probezeit den Urlaub nicht antreten, kann der Urlaub bis zum Ende des Folgejahres genommen werden. Ist wegen Beendigung des Arbeitsverhältnisses eine Gewährung des Urlaubs ganz oder teilweise nicht mehr möglich, so ist der Urlaub abzugelten. Nur bei Beendigung des Arbeitsverhältnisses darf Erholungsurlaub mit Geld ausgeglichen werden. Eine während des Urlaubs eintretende ärztlich bescheinigte Erkrankung ist dem Arbeitgeber unverzüglich anzuzeigen. Die Tage der Erkrankung werden nicht auf den Jahresurlaub angerechnet und sind vom Arbeitgeber neu zu gewähren.

BurlG

6. Mutterschutz

Der Mutterschutz gilt für alle schwangeren und stillenden Frauen die in einem Arbeitsverhältnis stehen. Die Art des Arbeitsverhältnisses ist dabei unerheblich. In den letzten sechs Wochen vor der Entbindung (voraussichtlicher Geburtstermin laut ärztlichem Attest) und während der ersten acht Wochen nach der Entbindung dürfen Frauen nicht beschäftigt werden. Bei Mehrlingsgeburten und Frühgeburten (Kind wiegt bei der Geburt weniger als 2500 Gramm) verlängert sich das Beschäftigungsverbot nach der Geburt auf zwölf Wochen. Diese verlängerte Schutzfrist gilt auch dann, wenn bei dem Kind innerhalb von acht Wochen nach der Geburt eine Behinderung festgestellt wird. Bei Fehlgeburten gelten gestaffelte Schutzfristen:

Je länger die Schwangerschaft gedauert hat, desto länger dauert auch die Schutzfrist bei einer Fehlgeburt.

Fehlgeburt ab der 13. Woche: bis zu 2 Wochen Mutterschutz

Fehlgeburt ab der 17. Woche: bis zu 6 Wochen Mutterschutz

Fehlgeburt ab der 20. Woche: bis zu 8 Wochen Mutterschutz

Für die Zeit der Schutzfristen entfällt ein sozialversicherungspflichtiges und zu versteuerndes Entgelt. In dieser Zeit wird von der Krankenkasse ein Mutterschaftsgeld und vom Arbeitgeber ein Zuschuss vom Mutterschaftsgeld. Mutterschutzzeiten dürfen nicht auf Urlaubsansprüche angerechnet werden.

Eine Kündigung ist rechtlich unzulässig

- während der Schwangerschaft,

- bis zum Ablauf von vier Monaten nach der Entbindung,

- bis zum Ablauf von vier Monaten bei einer Fehlgeburt nach der zwölften Schwangerschaftswoche.

Voraussetzung für diesen Kündigungsschutz ist, dass dem Arbeitgeber zum Zeitpunkt der Kündigung die Schwangerschaft bekannt war. Ist dem Arbeitgeber die Schwangerschaft nicht bekannt und teilt eine gekündigte Arbeitnehmerin innerhalb von zwei Wochen nach Zugang der Kündigung dem Arbeitgeber die Schwangerschaft mit, so ist die Kündigung ebenfalls unwirksam.

Ein befristetes Arbeitsverhältnis wird durch eine Schwangerschaft nicht verlängert. MuschG

7. Elternzeit und Elterngeld

Elternzeit

Die Elternzeit ist ein Zeitraum der unbezahlten Freistellung von der Erbringung einer Arbeitsleistung nach der Geburt eines Kindes. Arbeitnehmer haben gegenüber dem Arbeitgeber einen Rechtsanspruch auf Elternzeit. Wer mit einem Kind in einem Haushalt lebt und dieses Kind betreut und erzieht kann Elternzeit in Anspruch nehmen. Dies können die leiblichen Eltern sein, aber auch Großeltern, Pflegeeltern oder der Partner eines Elternteils, jedoch können nicht sorgeberechtigte Personen nur Elternzeit beantragen, wenn kein Elternteil die Elternzeit in Anspruch nimmt. Die Elternzeit dient der Betreuung eines Kindes unter acht Jahren. Der Anspruch muss bis zur Vollendung des dritten Lebensjahres eingefordert werden. Wenn die Elternzeit unmittelbar nach der Mutterschutzfrist genommen werden soll, so muss das Verlangen nach Elternzeit spätestens sieben Wochen vor dem Ende der Mutterschutzfrist gestellt werden, das heißt in der ersten Woche nach dem Geburtstermin. Beide Elternteile können Elternzeit gleichzeitig oder nacheinander nehmen. Pro Kind beträgt die Höchstdauer der Elternzeit drei Jahre ab dem Zeitpunkt der Geburt; 24 Monate davon können in der Zeit von nach dem dritten Lebensjahr bis zur Vollendung des achten Lebensjahres genommen werden. Wird während der Elternzeit ein weiteres Kind geboren kann man die erste Elternzeit vorzeitig beenden und die Restelternzeit an das Ende der zweiten Elternzeit anhängen. Der Arbeitnehmer ist während der Elternzeit nicht zur Erbringung einer Arbeitsleistung verpflichtet, kann jedoch auf bis zu 30 Wochenstunden ohne Kürzung des Elterngeldes weiter arbeiten. Hierzu ist eine Einigung mit dem Arbeitgeber innerhalb von vier Wochen notwendig. Kommt keine Einigung zustande entsteht ein Anspruch auf Verringerung der Arbeitszeit wenn

- im Betrieb in der Regel mehr als 15 Arbeitnehmer beschäftigt sind,

- das Arbeitsverhältnis ohne Unterbrechung länger als sechs Monate besteht,

- die Arbeitszeit für mindestens zwei Monate auf 15 bis 30 Wochenstunden verringert wird,

- keine dringenden betrieblichen Gründe dagegen sprechen,

- der Anspruch dem Arbeitgeber sieben Wochen vor Beginn der Teilzeittätigkeit (Elternzeit bis zum vollendeten dritten Lebensjahr des Kindes) bzw. 13 Wochen vor Beginn der Teilzeittätigkeit (Elternzeit zwischen dem dritten und achten Lebensjahr des Kindes) schriftlich mitgeteilt wurde.

Innerhalb der Elternzeit kann eine Verringerung der Arbeitszeit zweimal verlangt werde. Kam eine Einigung zwischen Arbeitgeber und Arbeitnehmer über den Verringerungsantrag zustande, so kann die Verringerung auch häufiger geschehen. Ein Resturlaub, der vor der Elternzeit nicht oder nicht vollständig genommen wurde, ist vom Arbeitgeber nach der Elternzeit im laufenden oder folgenden Urlaubsjahr zu gewähren. Grundsätzlich besteht für den Arbeitgeber während der Elternzeit ein Kündigungsverbot. Ausnahmen vom Kündigungsverbot sind gegeben bei der Stilllegung des Betriebes oder einzelner Betriebsteile, bei schwerwiegenden Straftaten des Arbeitnehmers oder schweren arbeitsvertraglichen Pflichtverletzungen oder wenn die Fortsetzung des Arbeitsverhältnisses zur Gefährdung der wirtschaftlichen Existenz des Betriebes führt. Dieser Sonderkündigungsschutz beginnt mit dem Tag des Verlangens nach Elternzeit, frühestens jedoch acht Wochen vor Beginn der Elternzeit.

Elterngeld

Anspruch auf Elterngeld hat, wer
- einen Wohnsitz oder seinen gewöhnlichen Aufenthalt in Deutschland hat,
- mit seinem Kind in einem Haushalt lebt,
- das Kind selbst betreut und keine oder keine volle Erwerbstätigkeit ausübt.
Die individuelle Höhe des Elterngelds wird auf Grundlage des durchschnittlichen Nettoeinkommens der letzten zwölf Monate berechnet. Monate ohne Einkommen fließen mit in die Berechnung ein.

Der Anspruch auf Elterngeld ist für beide Elternteile zusammen auf 12 Monate begrenzt. Wenn ein Elternteil für mindestens zwei Lebensmonate des Kindes auf einen Teil seines bisherigen Erwerbseinkommens verzicht, verlängert sich der Anspruch um zwei Monate. Beide Elternteile können gleichzeitig oder nacheinander Elterngeld beantragen. Allerdings muss bereits im Antrag festgelegt werden, welcher Elternteil für welchen Zeitraum Elterngeld erhalten soll.

BEEG

8. Bildungsurlaub

Mit Ausnahme der Bundesländer Bayern und Sachsen gibt es in Deutschland ein Recht auf Bildungsurlaub, auch Bildungszeit oder Bildungsfreistellung genannt. Es handelt sich dabei um einen vom Arbeitgeber bezahlten Urlaub, der für eine Weiterbildung genutzt werden muss. Der Bildungsurlaub wird zusätzlich zum normalen Urlaubsanspruch gewährt. Die Dauer beträgt in der Regel fünf Tage in einem Jahr oder zehn Tage alle zwei Jahre. Eine Weiterbildung im Rahmen des Bildungsurlaubs findet in Kursen statt, die als Bildungsurlaub anerkannt sind. Der Inhalt eines Kurses muss nicht im Zusammenhang mit der ausgeübten Tätigkeit stehen. Nach der

Anmeldung zu einem Kurs muss der Bildungsurlaub frühzeitig (in der Regel mindestens vier Wochen vor Beginn der Veranstaltung) beim Arbeitgeber beantragt werden.

Ein weiterer Anspruch auf Fort- oder Weiterbildung ist gesetzlich nicht geregelt. Jedoch kann dieses Recht in einem Tarifvertrag, einer Betriebsvereinbarung oder individuell im Arbeitsvertrag vereinbart werden.

Bildungszeitgesetze bzw. Regelungen auf Bundesländerebene

9. Recht auf Arbeitsschutz

Alle Arbeitnehmer und Auszubildenden haben eine gesetzlichen Anspruch auf Arbeitsschutz. Unter Arbeitsschutz versteht der Gesetzgeber Maßnahmen zur Verhütung von Unfällen und arbeitsbedingten Gesundheitsgefahren sowie Maßnahmen zur menschengerechten Gestaltung der Arbeit. Der Arbeitsschutz unterteilt sich in den allgemeinen Arbeitsschutz für alle Arbeitnehmer und den speziellen Arbeitsschutz für bestimmte Berufsgruppen. Weiterhin definiert der soziale Arbeitsschutz spezielle Schutzrechte besonders schutzbedürftiger Gruppen wie z.B werdende Mütter, Jugendliche oder Schwerbehinderte. Der soziale Arbeitsschutz umfasst die Rücksichtnahme   auf die jeweilige körperliche und geistige Konstitution und betrifft u.a. Regelungen zur Arbeitszeit.

Vorschriften zum Arbeitsschutz finden sich in

- dem Arbeitsschutzgesetz,
- der Arbeitsstättenverordnung,
- der Bildschirmarbeitsverordnung,
- der Lärm- und Vibrations-Arbeitsschutzverordnung,
- dem Jugendarbeitsschutzgesetz,
- dem Mutterschutzgesetz.

Ein Großteil der Maßnahmen zum Arbeitsschutz sind vom Arbeitgeber in eigener Verantwortung im Rahmen von Unterweisungen und Gefährdungsbeurteilungen zu organisieren und durchzuführen.

Unterweisung

Die Unterweisung dient der Aufklärung der Beschäftigten zur Sicherheit sowie zum Gesundheits- und Unfallschutz am Arbeitsplatz. Sie ist vom Arbeitgeber ausreichend und angemessen durchzuführen. Über die Unterweisungen sind Nachweise zu führen. Der Arbeitgeber kann die Pflicht zur Unterweisung an qualifizierte Personen übertragen oder von externen Stellen vornehmen lassen. Unterweisungen haben die Information und die Aufklärung über mögliche Gefährdungen zum Ziel. Eine Erstunterweisung ist mit dem Beginn des Arbeitsverhältnisses durchzuführen. Ändert sich das Aufgabengebiet eines Beschäftigten, wechselt er die Abteilung oder übernimmt er weitere Verantwortung sind weitere Unterweisungen erforderlich. Das gilt auch bei der Einführung neuer Technologien. Regelmäßige Wiederholungs-unterweisungen sind gesetzlich vorgesehen und können den betrieblichen Erfordernissen oder neuen Gefährdungen angepasst werden.

In bestimmten Arbeitsbereichen sind weitere periodische Unterweisungen alle sechs oder zwölf Monate durchzuführen. Geregelt ist dies in der Druckluft-Verordnung, der Strahlenschutz-Verordnung, dem Jugend-Arbeitsschutzgesetz und der DGUV (Deutsche Gesetzliche Unfallversicherung).

Sicherheitstechnische Unterweisungen sind bei bestimmten Gefährdungsarten erforderlich.Dazu zählen die Baustellenunterweisung, die Sicherheitsunterweisung beim Zugang zu gefährlichen Arbeitsbereichen sowie die Regelungen in der Biostoffverordnung, der Betriebssicherheitsverordnung, der Lasthandhabungsverordnung, der Verordnung zur persönlichen Sicherheitsausrüstung, der Gefahrstoff-verordnung und der Störfallverordnung.

Gefährdungsbeurteilung

Das Erstellen einer Gefährdungsbeurteilung ist unabhängig von der Größe eines Betriebes gesetzlich vorgeschrieben. Sie ist ein wichtiges Instrument für den Arbeitgeber, um die Verpflichtungen, die sich aus dem Arbeitsschutzgesetz und den Unfallvorschriften der Berufsgenossenschaften ergeben, zu erfüllen. Die Art und Weise der Durchführung von Gefährdungsbeurteilungen ist für den Arbeitgeber gesetzlich nicht vorgeschrieben. Mit der Beurteilung sollen Gefährdungen ermittelt und beurteilt werden. Je nach betrieblichen Gegebenheiten können sich verschiedene physische und psychische Gefahren für die Beschäftigten ergeben. Anschließend können konkrete Schutzmaßnahmen erarbeitet und die Durchführung der Maßnahmen geplant werden. Die Durchführung der Maßnahmen und ihre Wirksamkeit sind vom Arbeitgeber zu überprüfen. Die durchgeführte Gefährdungsbeurteilung ist zwingend zu dokumentieren.

ArbSchG § 2, 5, 6, 8, 9, 12

10. Recht auf Schutz vor Diskriminierung und Belästigung

Beschäftigte dürfen wegen des Geschlechts, der Rasse oder ihrer ethnischen Herkunft, Religion oder Weltanschauung, ihres Alters, einer Behinderung und der sexueller Identität nicht benachteiligt werden. Benachteiligungen können u.a. bei den Arbeitsbedingungen, dem Arbeitsentgelt oder der Möglichkeit des beruflichen Aufstiegs auftreten.

Es wird zwischen unmittelbarer und mittelbarer Benachteiligung unterschieden.

Eine unmittelbare Benachteiligung liegt vor, wenn ein Beschäftigter eine weniger günstige Behandlung erfährt als ein Arbeitnehmer in einer vergleichbaren Situation.

Bei einer mittelbaren Benachteiligung wird nach dem äußeren Schein eine neutrale Regelung genutzt wird, um Mitarbeiter zu benachteiligen. Wenn z.B. eine Betrieb aus wirtschaftlichen Gründen gezwungen ist, Lohnkürzungen vorzunehmen und diese Lohnkürzung nur bei ausländischen Arbeitnehmern anwendet, gleich qualifizierte deutsche Arbeitnehmer aber zum alten Lohn weiterbeschäftigt, liegt eine mittelbare Benachteiligung der ausländischen Mitarbeiter vor.

Als Benachteiligung gelten auch Belästigungen in Form von Einschüchterung, Beleidigung, Erniedrigung und ähnliches. Unter sexueller Belästigung versteht man z.B. Bemerkungen sexuellen

Inhalts oder ein unerwünschtes, sexuell bestimmtes Verhalten. Aber nicht jede unterschiedliche Behandlung stell eine Benachteiligung dar. Aufgrund spezieller Ausbildungsanforderungen kann bei der Einstellung z.B. ein Höchstalter festgelegt werden. Gleiches gilt wenn eine bestimmte Beschäftigungsdauer vor Eintritt in den Ruhestand notwendig ist.

Der Arbeitgeber ist verpflichtet, Maßnahmen zum Schutz vor Benachteiligungen zu ergreifen. Mit Schulungen in geeigneter Weise zum Zwecke der Verhinderung von Benachteiligungen kann der Arbeitgeber dieser Pflicht nachkommen. Gegen Beschäftigte, die gegen das Benachteiligungsverbot verstoßen, hat der Arbeitgeber Maßnahmen wie Abmahnung, Versetzung oder Kündigung zu ergreifen.

Ist ein Beschäftigter von einer Diskriminierung betroffen, hat er ein Beschwerderecht bei betrieblichen Beschwerdestellen (z.B. Betriebsrat), bei Vorgesetzten und bei Gleichstellungsbeauftragten. Die Beschwerde muss geprüft werden und das Ergebnis ist dem Beschwerdeführer mitzuteilen. Ergreift der Arbeitgeber in Fällen von Belästigung und sexueller Belästigung keine Gegenmaßnahmen, so kann der betreffende Arbeitnehmer die Tätigkeit ohne Lohnverlust einstellen, wenn zu seinem Schutz erforderlich ist. Eine Verletzung des Benachteiligungsverbots kann eine angemessene Entschädigung (Schmerzensgeld) oder Schadensersatz nach sich ziehen.

Das Benachteiligungsverbot besteht ebenfalls bei der Stellenausschreibung und während des Bewerbungsprozesses.

Eine Benachteiligung muss von Betroffenen anhand von Indizien (Hilfstatsachen) bewiesen werden und den Schluss zulassen, dass eine unterschiedliche Behandlung auf einem unzulässigen Grund beruht. Liegen Indizien für eine Benachteiligung vor, kehrt sich die Beweislast um. Nun hat der Arbeitgeber zu beweisen, dass keine Benachteiligung vorliegt.

AGG §§ 3, 7, 8, 9, 10, 11, 14, 15

11. Anspruch auf Teilzeitarbeit oder Verlängerung der Arbeitszeit

In Betrieben mit mehr als 15 Arbeitnehmern können Beschäftigte, die mehr als sechs Monate in tätig sind, verlangen, dass ihre Arbeitszeit reduziert wird. Der Teilzeitwunsch muss drei Monate vor dem geplanten Beginn dem Arbeitgeber mitgeteilt werden. Dabei kann die gewünschte Verteilung der Arbeitszeit bereits angegeben werden. In einem Gespräch hat der Arbeitgeber mit dem Beschäftigten zu klären, ob und wie die Verringerung der Arbeitszeit möglich ist. In diesem Gespräch gilt es auch, eine Einigung über die Verteilung der Arbeitszeit herbeizuführen. Sollten betriebliche Belange dem Wunsch des Arbeitnehmers entgegenstehen, kann der

Arbeitgeber den Teilzeitwunsch ablehnen. Es müssen aber gewichtige Gründe für die Ablehnung vorliegen. Die Unzumutbarkeit der notwendigen organisatorischen Änderungsmaßnahmen für den Arbeitgeber ist ein solcher Grund. Der Arbeitgeber hat den Beschäftigten einen Monat vor dem gewünschten Beginn über seine Entscheidung zu informieren. Versäumt er diese Frist gilt der Änderungswunsch als genehmigt.

Ein teilzeitbeschäftigter Arbeitnehmer kann den Wunsch nach einer Arbeitszeitverlängerung gegenüber dem Arbeitgeber äußern. Dem Wunsch des Arbeitnehmers ist dann nachzukommen, wenn die Besetzung eines geeigneten Arbeitsplatzes, für die der Arbeitnehmer gleiche Eignung und Qualifikation wie andere Bewerber hat, ansteht. Der Wunsch kann abgelehnt werden, beispielsweise wenn dringende betriebliche Gründe oder die Arbeitszeitwünsche anderer teilzeitbeschäftigter Arbeitnehmer dem entgegenstehen. TzBfG §§ 8, 9

12. Recht auf Datenschutz

Sämtliche personenbezogenen Daten, die einem Mitarbeiter mittelbar oder unmittelbar zugeordnet werden können, unterliegen dem Arbeitnehmerdatenschutz. Unmittelbare Daten sind z.B. der Name, die Anschrift oder das Geburtsdatum. Beispiele für mittelbare Daten sind die Personalnummer, Gesundheitsdaten oder die gespeicherte Nutzung des Internets. Der Arbeitgeber darf diese Daten erheben, speichern oder weitergeben, wenn der Arbeitnehmer eingewilligt hat oder ein Gesetz ihm dies erlaubt. Die Einwilligung des Beschäftigten muss in schriftlicher Form erfolgen. Zudem darf er die Daten nur zu bestimmten Zwecken verwenden; beispielsweise für die Durchführung des Arbeitsverhältnisses (Personaldaten), für die Lohnbuchhaltung (Bankverbindung) oder Daten, die bei der Nutzung eines Computers anfallen. Der Arbeitgeber muss den Beschäftigten darüber informieren welche Daten in welchem Umfang von wem zu welchem Zweck erhoben werden. Durch gesetzliche Ermächtigung, also ohne Zustimmung des Arbeitnehmers dürfen Daten in einem erforderlichen Umfang erhoben werden, die für die Einstellung eines Bewerbers, die Durchführung des Arbeitsverhältnisses, dessen Beendigung und die für die Interessenvertretung der Arbeitnehmer benötigt werden. Der Schutz sämtlicher persönlichen Daten eines Arbeitnehmers ist eine Arbeitgeberpflicht, die je nach Sensibilität der Daten auf unterschiedliche Weise erfolgen kann. So sind z.B. Gesundheitsdaten aufwändiger zu schützen als Stammdaten. Der Arbeitgeber muss den Arbeitnehmer über die Erhebung von Daten oder deren Weitergabe an Dritte informieren. Die Informationspflicht betrifft u.a. Namen und Kontaktdaten des Arbeitgebers, Kontaktdaten des Datenschutzbeauftragten, die Zwecke, für die die personenbezogenen Daten verarbeitet werden sollen, sowie die

Rechtsgrundlage für die Verarbeitung, Personen oder Unternehmen, an die die Informationen weitergegeben werden, die Dauer, für die die personenbezogenen Daten gespeichert werden, ein Hinweis auf die Rechte des Betroffenen (Auskunft, Löschung, Widerruf der Einwilligung) und das Bestehen eines Beschwerderechts bei einer Aufsichtsbehörde. Erhält der Arbeitgeber die Daten nicht direkt vom Arbeitnehmer, so hat er zusätzlich über die Quelle zu informieren. Der Arbeitgeber ist verpflichtet, über die Datenverarbeitung ein Verzeichnis zu führen.

In Betrieben mit mehr als 20 Beschäftigten muss vom Arbeitgeber ein Datenschutzbeauftragter bestimmt werden. Der Datenschutzbeauftragte ist für die Arbeitnehmer der Ansprechpartner für alle Belange, die den Datenschutz betreffen.

DSGVO Art. 88, BDSG § 26

C. Besondere Rechte schwerbehinderter Beschäftigter

1. Definition von Schwerbehinderung im Arbeitsrecht

Schwerbehindert sind Beschäftigte, denen wenigstens ein Grad der Behinderung von 50 Prozent bescheinigt wird. Zudem müssen die Arbeitnehmer ihren Wohnsitz, ihren gewöhnlichen Aufenthalt oder ihre Beschäftigung in Deutschland haben. Den Schwerbehinderten sind Personen gleichgestellt, die einen Grad der Behinderung zwischen 30 und 50 Prozent haben und ihren gewöhnlichen Aufenthalt oder ihre Beschäftigung in Deutschland haben. Der Grad der Behinderung wird mit einem entsprechenden Ausweis nachgewiesen.

2. Besonderer Kündigungsschutz

Die ordentliche oder außerordentliche Kündigung eines Schwerbehinderten oder gleichgestellten Arbeitnehmers ist nur mit Zustimmung des zuständigen Integrationsamtes wirksam. Stimmt das Integrationsamt der Kündigung zu hat der Arbeitgeber einen Monat Zeit, die Kündigung auszusprechen. Ohne Zustimmung des Integrationsamtes ist eine Kündigung unwirksam. Voraussetzung für diesen besonderen Kündigungsschutz ist, dass das Arbeitsverhältnis mindestens seit sechs Monaten besteht und die Schwerbehinderung oder Gleichstellung durch die Behörde festgestellt wurde bzw. der Antrag auf Schwerbehinderung oder Gleichstellung mindestens drei

Wochen vor dem Zugang der Kündigung beim Integrationsamt gestellt wurde. Ist der Arbeitgeber über die Schwerbehinderung oder einen gestellten Antrag nicht informiert, so ist die Kündigung dennoch unwirksam, wenn der betroffene Arbeitnehmer den Arbeitgeber innerhalb von drei Wochen nach Eingang der Kündigung darüber informiert. Hat der schwerbehinderte Arbeitnehmer das 58. Lebensjahr vollendet und besteht ein Anspruch auf Abfindung, Entschädigung oder Ähnlichem aufgrund eines Sozialplanes, ist die Zustimmung des Integrationsamtes zur Kündigung nicht notwendig.

3. Erweiterte Rechte

Schwerbehinderte Arbeitnehmer haben einen Anspruch auf fünf zusätzliche bezahlte Urlaubstage. Dies gilt nicht für Gleichgestellte. Schwerbehinderte können Mehrarbeit, die über acht Stunden werktäglich hinausgeht, verweigern. Der Arbeitgeber darf die Rente eines Schwerbeschädigten nicht auf das Arbeitsentgelt anrechnen.

SGB IX §§ 2, 171, 206, 207, 208

D. Pflichten der Arbeitnehmer

1. Arbeitspflicht

Der Arbeitnehmer schuldet dem Arbeitgeber die im Arbeitsvertrag vereinbarte Arbeitsleistung und Arbeitszeit am vereinbarten Arbeitsort. Durch das Direktions- und Weisungsrecht des Arbeitgebers wird der Arbeitsinhalt im Arbeitsalltag konkretisiert. Allerdings wird das Direktionsrecht durch den Arbeitsvertrag insofern begrenzt, als dass vom Arbeitnehmer nur die Arbeitsleistung zu erbringen ist, die im Arbeitsvertrag vereinbart wurde. Verweigert der Arbeitnehmer die Erbringung der Arbeitsleistung kann er abgemahnt und im Wiederholungsfall verhaltensbedingt gekündigt werden. Eine Änderung des vertraglich vereinbarten Arbeitsinhalts ist nur mit Zustimmung beider Seiten möglich.

GewO § 106

2. Arbeitsort und Arbeitszeit

Der Arbeitsort ergibt sich aus dem Arbeitsvertrag. Der im Arbeitsvertrag bestimmte Ort kann nicht gegen den Willen des Arbeitnehmers vom Arbeitgeber einseitig geändert werden. Lässt der Arbeitsvertrag den Einsatz an anderen Orten des Unternehmens zu, kann der Arbeitgeber im Zuge des Direktionsrechts den Ort bestimmen. Einschränkungen hinsichtlich der Zumutbarkeit können in einem Tarifvertrag oder einer Betriebsvereinbarung festgelegt werden.

Im Arbeitsvertrag wird die Arbeitszeit des Arbeitnehmers festgelegt. Eventuell sind auch Regelungen aus Tarifverträgen und Betriebsvereinbarungen zu berücksichtigen. Überstunden müssen gesondert angeordnet werden; besteht im Betrieb ein Betriebsrat, so muss dieser den Überstunden zustimmen. Keinesfalls dürfen diese Vereinbarungen gegen die Vorschriften im Arbeitszeitgesetz verstoßen. Danach dürfen Arbeitnehmer ohne Berücksichtigung der Pausenzeiten maximal zehn Stunden pro Tag arbeiten. Dabei dürfen innerhalb von sechs Monaten oder innerhalb von 24 Wochen im Durchschnitt acht Stunden werktäglich nicht überschritten werden, was bei einer 6-Tage-Woche eine Begrenzung auf 48 Wochenstunden bedeutet. Diese Regelungen gelten nicht für Beamte, Richter, Soldaten, leitende Angestellte sowie Leiter von öffentlichen Dienststellen und deren Vertretungen sowie Beschäftigte im öffentlichen Dienst, die Personalfragen entscheiden dürfen. Auch im liturgischen Bereich der Kirchen finden diese Vorschriften keine Anwendung. Die Ruhezeit zwischen zwei Arbeitstagen muss mindestens elf Stunden betragen. In bestimmten Bereichen (z.B. Krankenhäuser) kann die Ruhezeit auf zehn Stunden verkürzt werden, allerdings muss dann zum Ausgleich innerhalb eines

Kalendermonats oder innerhalb von 4 Wochen eine andere Ruhezeit entsprechend auf mindestens 12 Stunden verlängert werden. Nacht- und Schichtarbeiter haben alle drei Jahre einen Anspruch auf eine arbeitsmedizinische Untersuchung. Für Beschäftigte, die das 50. Lebensjahr vollendet haben, besteht ein Anspruch auf jährliche Untersuchungen.

Generell sind Sonn- und Feiertage arbeitsfrei. Dies gilt jedoch nicht für Not- und Rettungsdienste, Polizei, Feuerwehr, Krankenhäuser, Gaststätten, Kirchen, Sportveranstaltungen, Messen und Märkte. Arbeitnehmer in Bäckereien und Konditoreien dürfen für bis zu drei Stunden an Sonn- und Feiertagen beschäftigt werden. Für alle Arbeitnehmer müssen aber 15 Sonntage im Jahr beschäftigungsfrei sein. In Tarifverträgen und Betriebsvereinbarungen können abweichende Regelungen getroffen werden. Auch die Landesregierungen und die Bundesregierung können eigene Ausnahmen aufstellen (z.B.verkaufsoffene Sonntage).

ArbZG §§ 3, 4, 5, 6, 9, 10, 11, 12, 13
GG Art. 140

3. Direktionsrecht

Das Direktionsrecht (auch Weisungsrecht genannt) ist das Recht des Arbeitgebers Zeit, Ort und Art der Arbeit sowie das Verhalten der Arbeitnehmer im Betrieb festzulegen (Betriebsordnung). Durch gesetzliche Bestimmungen (z. B. Arbeitssicherheits-, Arbeitszeit-, Kündigungsschutzgesetz) wird das Weisungsrecht ebenso wie durch Mitbestimmungsrechte des Betriebsrats beschränkt. Der Arbeitgeber übt das Direktionsrecht durch Anweisungen aus. Eine bestimmte Form der Weisung ist nicht vorgeschrieben, sie kann also schriftlich oder mündlich erfolgen. Weigert sich der Arbeitnehmer, eine wirksame Weisung zu befolgen, muss er mit einer Abmahnung und im Wiederholungsfalle mit der Kündigung des Arbeitsverhältnisses rechnen. Die Ausführung einer rechtswidrigen Weisung kann der Arbeitnehmer allerdings verweigern (z.B. Verstoß gegen gesetzliche Vorschriften oder eine gesundheitliche Gefährdung geht mit der Anweisung einher).

GewO § 106
BGB § 315

4. Treuepflichten

Die Treuepflicht des Arbeitnehmers entsteht mit dem Beginn des Arbeitsverhältnisses und bedarf keiner Vereinbarung.

Sie beinhaltet

- die Verschwiegenheitspflicht,
- die Mehrarbeitspflicht,
- das Wettbewerbsverbot,
- die Unterlassung von Rufschädigung,
- die Anzeige- und Aufklärungspflicht,
- die Unbestechlichkeit,
- die Genesungsförderung,
- die Auskunftspflicht,
- die Herausgabepflicht.

Der Arbeitnehmer ist verpflichtet, über Betriebs- und Geschäftsgeheimnisse zu schweigen. Er darf zum Beispiel Informationen über technische Entwicklungen, Bilanzen oder betriebsinterne Daten nicht an Dritte wie Konkurrenten oder Kunden weitergeben.

Liegt ein Notfall im Betrieb vor, so ist der Arbeitnehmer verpflichtet, Mehrstunden bzw. Überstunden zu leisten. Als Notfall gelten z.B. Brände oder Wasserschäden.

Während seiner Tätigkeit für ein Unternehmen ist es dem Arbeitnehmer verboten, gleichzeitig für ein Konkurrenzunternehmen zu arbeiten. Ausnahmen bedürfen der schriftlichen Zustimmung des Arbeitgebers.

Ein Arbeitnehmer darf sich nicht schlecht über seinen Arbeitgeber äußern. Bisweilen steht dieser Treuepflicht die Meinungsfreiheit entgegen. Einerseits sind unwahre Tatsachenbehauptungen nicht durch die Meinungsfreiheit gedeckt, andererseits ist die sachliche Kritik an Zuständen im Betrieb keine Rufschädigung. Kritische Äußerungen in sozialen Netzwerken können eher als Rufschädigung gewertet werden als vertrauliche Gespräche im Kollegenkreis.

Der Arbeitnehmer ist verpflichtet, den Arbeitgeber über drohende oder entstandene Schäden zu informieren. So muss der Arbeitnehmer z.B. drohende oder bestehende Störungen an Betriebsanlagen oder Werkzeugen dem Arbeitgeber anzeigen. Dies gilt vorrangig für den eigenen Arbeitsbereich. Drohen jedoch Personenschäden oder schwerwiegende Sach- bzw. Vermögensschäden besteht auch für andere Arbeitsbereiche eine Anzeigepflicht.

Arbeitnehmer dürfen keine Geschenke, Belohnungen oder Gelder annehmen, die ihre Arbeit beeinflussen können. Strafbar ist also die Annahme einer Begünstigung für ein bestimmtes Handeln.

Im Falle der Arbeitsunfähigkeit ist der Arbeitnehmer verpflichtet, alle Aktivitäten einzuschränken bzw. zu unterlassen, die einer Genesung im Wege stehen.

Die Auskunftspflicht des Arbeitnehmers gegenüber dem Arbeitgeber betrifft alle Fragen, die seinen Arbeitsbereich betreffen, soweit die geforderte Auskunft keine übermäßige Belastung für den Arbeitnehmer darstellt und der Arbeitgeber ein schutzwürdiges Interesse an der Auskunft hat. Wirft der Arbeitgeber dem Arbeitnehmer Leistungsmängel vor, so hat der Arbeitnehmer die Pflicht, an einem entsprechenden Gespräch teilzunehmen, ist aber zu keiner Erklärung verpflichtet.

Ein Arbeitnehmer ist verpflichtet dem Arbeitgeber alles, was er zur Ausführung der ihm übertragenen Arbeit erhalten und was er aus dem Arbeitsverhältnis erlangt hat, herauszugeben. Dazu gehört sowohl Betriebseigentum als auch alle Unterlagen, die im Zusammenhang mit der Beschäftigung entstanden sind.

BGB §§ 241, 242, 667

5. Personalgespräch

Der Arbeitnehmer ist grundsätzlich verpflichtet an vom Arbeitgeber anberaumten Personalgesprächen teilzunehmen. Anlass für ein Personalgespräch kann z.B. die Rückkehr nach einer Arbeitsunfähigkeit oder Krankheit, die Förderung des Arbeitnehmers im Rahmen der Personalentwicklung oder ein Fehlverhalten des Beschäftigten sein. Während eines genehmigten Urlaubs und während einer durch ärztliches Attest bescheinigten Arbeitsunfähigkeit besteht keine Verpflichtung zur Teilnahme am Personalgespräch. Handelt es sich um eine lang anhaltende Erkrankung kann unter Umständen eine Pflicht zur Teilnahme am Personalgespräch bestehen, wenn der Teilnahme keine gesundheitlichen Gründe entgegenstehen, welche die Genesung gefährden. Grundsätzlich hat ein Personalgespräch während der Arbeitszeit stattzufinden. Sollte dies in Ausnahmefällen nicht möglich sein, so gilt die Zeit, die für das Personalgespräch aufgewendet wird, als Arbeitszeit. Der Inhalt und der Termin sollte dem Arbeitnehmer mit ausreichendem Vorlauf vom Arbeitgeber mitgeteilt werden. Bei Rückkehrgesprächen nach Arbeitsunfähigkeit oder Krankheit ist der Arbeitnehmer nicht verpflichtet, Auskunft über die Art der Krankheit und Prognosen über weitere Fehlzeiten oder Einschränkungen seiner Leistungsfähigkeit zu geben. Der Inhalt des Personalgespräches darf sich nur mit Sachverhalten beschäftigen, die in direktem Zusammenhang zum Arbeitsverhältnis stehen. Fragen zu persönlichen Angelegenheiten (z.B. Schwangerschaft) sind unzulässig. Besteht im Betrieb ein Betriebsrat, so hat der Arbeitnehmer das Recht bei Gesprächen zur Berechnung und Zusammensetzung seines Entgelts, der Beurteilung seiner Leistungen und den Möglichkeiten seiner beruflichen Entwicklung ein Betriebsratsmitglied hinzuzuziehen. Welches Betriebsratsmitglied an dem Gespräch teilnimmt kann der Arbeitnehmer entscheiden. Ein Teilnahmerecht für den Rechtsanwalt des Arbeitnehmers besteht nicht. Nimmt allerdings auf Seiten des Arbeitgebers ein Anwalt am Gespräch teil, kann auch der Arbeitnehmer die Teilnahme seines Anwalts verlangen.

BetrVG § 82

6. Rückzahlung einer Lohnüberzahlung

Irrtümlich zu viel gezahlter Lohn kann vom Arbeitgeber zurückgefordert werden. Es gilt hierbei eine Verjährungsfrist von drei Jahren. Rechtlich gesehen handelt es sich bei irrtümlichen Lohnüberzahlung um eine ungerechtfertigte Bereicherung. Hat der Arbeitnehmer die Überzahlung bereits gutgläubig verbraucht und hätte sie nicht ausgegeben, wenn er von der Überzahlung Kenntnis gehabt hätte, so kann er sich auf den Wegfall der Bereicherung berufen. Dies gilt jedoch nicht, wenn der Arbeitgeber verpflichtet ist, die Vergütung vor der Erbringung der Arbeitsleistung zu zahlen oder

Rückzahlungsansprüche vertraglich geregelt sind (Arbeitsvertrag, Betriebsvereinbarung, Tarifvertrag). Hat der Arbeitgeber die Überzahlung nicht irrtümlich sondern bewusst vorgenommen besteht kein Rückzahlungsanspruch. Für die Rückzahlung kann der Arbeitgeber keine Zinsen verlangen.

BGB §§ 326, 346, 812

E. Beendigung des Arbeitsverhältnisses

1. Ordentliche Kündigung

Eine ordentliche, also fristgerechte Kündigung, ist nur innerhalb der gesetzlichen Kündigungsfristen möglich. Zudem muss die Kündigung sozial gerechtfertigt sein. Besteht im Betrieb ein Betriebsrat muss der Betriebsrat angehört werden; anderenfalls ist die Kündigung unwirksam.

Es gibt drei Arten der ordentlichen Kündigung, die personenbedingte, die verhaltensbedingte und die betriebsbedingte Kündigung.

Personenbedingte Kündigung

Eine personenbedingte Kündigung liegt dann vor, wenn die Gründe für die Kündigung in den persönlichen Eigenschaften oder Fähigkeiten des Arbeitnehmers zu finden sind. Dies kann eine stark herabgesetzte Leistungsfähigkeit des Arbeitnehmers sein (Unterschreitung der durchschnittlichen Leistung von 40 – 50 % gegenüber vergleichbaren Arbeitnehmern). Sinkt die Leistungsfähigkeit aufgrund von Erkrankungen spricht man von einer krankheitsbedingten Kündigung. Vor dem Ausspruch einer krankheitsbedingten Kündigung hat der Arbeitgeber drei Dinge zu prüfen.

1. Es muss eine negative Gesundheitsprognose vorliegen. Der behandelnde Arzt oder ein Betriebsarzt erstellen eine Prognose über den voraussichtlichen Gesundheitszustand des Arbeitnehmers und der damit verbundenen Einsatzfähigkeit.

2. Die nach der Prognose zu erwartenden Auswirkungen auf den Gesundheitszustand müssen zu einer erheblichen Beeinträchtigung der betrieblichen Interessen des Arbeitgebers führen. Die Beeinträchtigung kann durch eine Störung des Betriebsablaufs oder eine wirtschaftliche Belastung hervorgerufen werden.

3. In einer abschließenden Interessenabwägung ist zu prüfen, ob die Beeinträchtigungen zu einer billigerweise nicht vom Arbeitgeber hinzunehmenden Belastung führt (z.B. dauerhafte Leistungsunfähigkeit).

Verhaltensbedingte Kündigung

Einer verhaltensbedingten Kündigung muss immer eine Pflichtverletzung vorausgehen. Diese Pflichtverletzung kann im Leistungsbereich (z.B. Minderleistung), im Vertrauensbereich (z.B. Weitergabe von Geschäftsgeheimnissen), im Bereich arbeitsvertraglicher Nebenpflichten (z.B. Verunglimpfung des Arbeitgebers in der Öffentlichkeit) oder im Bereich der betrieblichen Ordnung (z.B. Verspätungen) liegen. Weiterhin muss die Pflichtverletzung trotz vorheriger Abmahnung erfolgt sein, sie muss konkrete betriebliche Auswirkungen haben und sie muss vom

Arbeitnehmer schuldhaft herbeigeführt worden sein. Zudem muss abgewogen werden, ob das Interesse des Arbeitgebers an der Beendigung des Arbeitsverhältnisses die Interessen des Arbeitnehmers auf eine Fortsetzung des Arbeitsverhältnisses übersteigt. Eine ordentliche, verhaltensbedingte Kündigung setzt eine Abmahnung voraus, die sich auf einen gleichartigen Verstoß bezieht. Eine einzige ordnungsgemäße Abmahnung ist hierbei ausreichend.

Betriebsbedingte Kündigung

Wenn sachliche Gründe zu einer Unternehmerentscheidung führen, die den Wegfall des Arbeitsplatzes des Arbeitnehmers zur Folge hat, ohne dass es gleich wirksame Maßnahmen gibt, kann der Arbeitgeber eine betriebsbedingte Kündigung aussprechen. Gründe können z.B. sein der Rückgang der Arbeitsmenge aufgrund mangelnder Aufträge oder die Notwendigkeit der Kosteneinsparung durch die Vergabe von Leistungen an Dritte. Gründe können von außen auf das Unternehmen einwirken (z.B.Umsatzeinbußen) oder vom Unternehmen selbst herbeigeführt werden (z.B. Umstrukturierung oder Betriebsschließung). Die Entscheidung des Unternehmers darf nicht offensichtlich willkürlich oder unsachlich sein.

Ein Arbeitnehmer kann den Arbeitsvertrag jederzeit unter Wahrung der gesetzlichen Kündigungsfristen ohne Begründung kündigen. Die Kündigung muss schriftlich erfolgen. Im Kündigungsschreiben muss eindeutig zum Ausdruck gebracht werden, dass und zu welchem Zeitpunkt der Arbeitnehmer das Arbeitsverhältnis beenden möchte.

BGB § 622, KSchG § 1, BetrVG § 102

2. Außerordentliche Kündigung

Eine außerordentliche bzw. fristlose Kündigung kann von beiden Seiten nur in Ausnahmefällen ausgesprochen werden. Es muss ein wichtiger Grund vorliegen der es dem Kündigenden unzumutbar macht, auch nur für die Dauer der Kündigungsfrist am Arbeitsverhältnis festzuhalten. Der wichtige Grund muss
- ohne Berücksichtigung des Einzelfalls generell und objektiv für eine außerordentliche Kündigung geeignet sein,
- alle Umstände des Einzelfalls berücksichtigen und
- nach umfassender Interessenabwägung die außerordentliche Kündigung rechtfertigen.
Bei der Interessenabwägung ist stets die Betriebszugehörigkeit zu berücksichtigen. Weiterhin kommt eine außerordentliche Kündigung nur dann in Betracht, wenn kein milderes Mittel (z.B. Abmahnung, Versetzung) in Frage kommt, um das Arbeitsverhältnis fortzusetzen. Straftaten gegenüber dem Arbeitgeber bzw. anderen Beschäftigten rechtfertigen regelmäßig außerordentliche Kündigungen. Die Kündigungserklärung muss innerhalb von zwei

Wochen erfolgen, nachdem der Arbeitgeber von dem Sachverhalt erfahren hat, der zu einer außerordentlichen Kündigung berechtigen könnte.

Besteht im Betrieb ein Betriebsrat, so muss dieser angehört werden. Ohne Anhörung ist die Kündigung unwirksam.

BetrVG § 102, BGB §§ 543, 626

3. Änderungskündigung

Wird das Arbeitsverhältnis vom Arbeitgeber gekündigt und macht er gleichzeitig dem Arbeitnehmer ein Angebot, das Arbeitsverhältnis zu geänderten Bedingungen fortzusetzen, liegt eine Änderungskündigung vor. Die Änderungskündigung erfolgt in zwei Schritten.

1. Der Arbeitgeber bietet dem Arbeitnehmer die zukünftigen geänderten Arbeitsbedingungen an.

2. In diesem Zusammenhang erklärt der Arbeitgeber die Kündigung des Arbeitsverhältnisses, die zur Beendigung des Arbeitsverhältnisses führen soll, wenn der Arbeitnehmer mit dem Änderungsangebot nicht einverstanden ist.

Der Arbeitnehmer hat nun drei Möglichkeiten, auf die Änderungskündigung zu reagieren.

1. Er stimmt den Änderungen zu. Damit ist die Kündigung gegenstandslos. Zu beachten ist, dass sowohl für die Kündigung als auch für den Beginn der Änderungen die gesetzlichen Kündigungsfristen gelten.

2. Er nimmt die gewünschten Änderungen unter dem Vorbehalt an, dass die Änderungen der Arbeitsbedingungen nicht sozial ungerechtfertigt sind. Diesen Vorbehalt muss der Arbeitnehmer innerhalb einer Frist von drei Wochen nach dem Erhalt der Kündigung erklären. Weiterhin muss der Arbeitnehmer nun ebenfalls innerhalb von drei Wochen nach Zugang der Kündigung Änderungsschutzklage beim Arbeitsgericht erheben. Diese Klage hat die Feststellung zum Ziel, dass die Änderungen der Arbeitsbedingungen sozial ungerechtfertigt sind. Hat die Klage Erfolg, besteht das Arbeitsverhältnis zu unveränderten Bedingungen weiter; hat die Klage keinen Erfolg, besteht das Arbeitsverhältnis zu den geänderten Arbeitsbedingungen fort.

3. Er lehnt die Änderungen ab und die Kündigung wird wirksam. Nun kann der Arbeitnehmer innerhalb von drei Wochen ab Zugang der Kündigung Kündigungsschutzklage beim Arbeitsgericht einreichen. Auch hier prüft das Gericht nun, ob die verlangten Änderungen sozial ungerechtfertigt sind. Gewinnt der Arbeitnehmer die Klage, besteht das Arbeitsverhältnis zu unveränderten Bedingungen weiter. Verliert der Arbeitnehmer die Klage, ist das Arbeitsverhältnis beendet.

BGB § 622, KSchG §§ 2, 4

4. Aufhebungsvertrag

Arbeitnehmer und Arbeitgeber können jederzeit das Arbeitsverhältnis einvernehmlich beenden. Bei einem solchen Aufhebungsvertrag ist die Schriftform zwingend. Der Aufhebungsvertrag kann nicht widerrufen werden. Eine Anfechtungsmöglichkeit besteht nur, wenn durch Täuschung, Nötigung oder Drohung der Arbeitnehmer zum Abschluss des Aufhebungsvertrages gedrängt wurde. Ein Anspruch auf Abfindung an den Arbeitnehmer besteht nicht. Ein Betriebsrat ist zum Aufhebungsvertrag weder anzuhören noch muss er dem Aufhebungsvertrag zustimmen. Regelungen im Aufhebungsvertrag dürfen nicht gegen gesetzliche Verbote oder dem Grundsatz von Treu und Glauben verstoßen. Das könnte z.B. der Fall sein, wenn der Arbeitgeber ohne das Thema zu nennen, den Arbeitnehmer zu einem Gespräch bittet und den Arbeitnehmer in diesem Gespräch zur Unterzeichnung eines Aufhebungsvertrages veranlasst.

BGB §§ 126, 242, 623

5. Betriebsübergang

Wird ein Betrieb oder Betriebsteil auf eine andere juristische Person übertragen, so tritt diese juristische Person in die Rechte und Pflichten des Arbeitsverhältnisses ein, die zum Zeitpunkt des Übergangs bestehen. Eine juristische Person wird im Handelsregister eingetragen und ist eine Gruppe von Personen mit gesetzlich anerkannter, rechtlicher Selbstständigkeit. Dazu zählen zum Beispiel eingetragene Vereine, Aktiengesellschaften, Gesellschaften mit beschränkter Haftung (GmbH), Verbände oder Stiftungen. Der Arbeitsvertrag geht automatisch auf den neuen Inhaber über. Entscheidend ist aber, dass die Identität des Betriebes oder Betriebsteils gewahrt bleibt. Das ist dann der Fall, wenn wesentliche Betriebsmittel, Gebäude, der Mitarbeiterstamm und die Hauptkunden auf den neuen Erwerber übergehen. Der neue Inhaber wird der neue Vertragspartner des Arbeitnehmers, ohne dass ein neuer Arbeitsvertrag abgeschlossen werden muss. Tarifverträge und Betriebsvereinbarungen bleiben weiterhin gültig und dürfen nicht vor Ablauf eines Jahres seit Betriebsübergang zum Nachteil der Arbeitnehmer geändert werden, es sei denn, es greifen neue andere Tarifverträge oder Betriebsvereinbarungen, die die bisher bestehenden auslösen. Nach Ablauf des Jahres kann der Arbeitgeber die Arbeitsbedingungen einvernehmlich mit den Beschäftigten ändern oder durch Aussprache einer Änderungskündigung die Arbeitsbedingungen verändern. Dem Betriebsübergang kann der Arbeitnehmer innerhalb eines Monats nach der Unterrichtung über den Betriebsübergang schriftlich widersprechen. Den Widerspruch kann der Arbeitnehmer entweder gegenüber dem alten oder dem neuen Betriebsinhaber aussprechen. Das Arbeitsverhältnis bleibt dann beim Altinhaber bestehen.

BGB 613a, BetrVG 111

6. Arbeitszeugnis

Jeder Arbeitnehmer hat bei Beendigung eines Arbeitsverhältnisses Anspruch auf ein schriftliches Arbeitszeugnis. Dies gilt auch für geringfügig Beschäftigte sowie Arbeitnehmer in der Probezeit, in Teilzeit- oder Nebentätigkeitsverhältnissen und für Auszubildende und Praktikanten. Das Zeugnis muss dem Arbeitnehmer innerhalb einer angemessenen Frist zur Verfügung gestellt werden. Es muss grundsätzlich vom Arbeitnehmer selbst abgeholt werden. Der Anspruch auf ein Arbeitszeugnis verjährt nach drei Jahren. Die Frist beginnt mit dem Ende des Jahres, in dem der Anspruch entstanden ist.

Ein Anspruch auf ein Zwischenzeugnis besteht bei erheblichen inhaltlichen Veränderungen im Arbeitsverhältnis. Dazu gehört z.B. eine Versetzung oder Beförderung und der Wechsel des Vorgesetzten. Der Arbeitnehmer hat die Wahl, ob er sich ein einfaches oder ein qualifiziertes Zeugnis ausstellen lässt. Im einfachen Arbeitszeugnis sind lediglich Informationen über die Dauer und die Art des Arbeitsverhältnisses. Das qualifizierte Zeugnis gibt darüber hinaus Auskunft Leistungen und Verhalten im Arbeitsverhältnis. Der Arbeitgeber hat kein Zurückbehaltungsrecht am Arbeitszeugnis. Er darf die Herausgabe des Zeugnisses nicht an Bedingungen knüpfen.

BBIG §§ 16, 26, BGB §§ 195, 199, GewOrd § 109

Zeitfracht Medien GmbH
Ferdinand-Jühlke-Straße 7
99095 Erfurt, Deutschland
produktsicherheit@kolibri360.de